इन्द्रधनुष

एक काव्याजंली

हर भगवान मुंजाल

BookLeaf Publishing
India | USA | UK

Made with ❤ on the BookLeaf Publishing Platform
www.bookleafpub.in
www.bookleafpub.com

Dedication

विद्या की देवी माँ सरस्वती को समर्पित

प्रस्तावना

यह काव्यांजलि 'इंद्रधनुष' मेरा प्रथम प्रयास है। मैं कोई कवि नहीं, सारा जीवन मेरा कार्यक्षेत्र एक इंजीनियर के रूप में रहा। किन्तु जीवन बहुत ही अनुपम पाठ पढ़ाता है। इंद्रधनुष आकाश में सभी रंगों के मेल से बनता है। उसी प्रकार जीवन को भी यदि इंद्रधनुष के समान हमें सुन्दर बनाना है तो जीवन के प्रत्येक रंग को पहचानना और जीना चाहिए। इंसान का जीवन बहुत ही अनमोल होता है। मानवता की सेवा और प्रभु का गुणगान करते हुए, हर मानव को स्वयं को मानसिक, शारीरिक और आर्थिक रूप से विकसित करते रहना चाहिए।

दो शब्द मेरे अपनों के लिए

परमपिता परमात्मा की कृपा से सारा ब्रह्मांड नियंत्रित है।
सच है, कि प्रभु की इच्छा के बिना एक पत्ता भी नहीं हिल सकता। प्रभु पल में पत्थर को पहाड़ बना देते हैं, और काली अमावस्या की रात को सुन्दर पूर्णिमा का चाँद भी खिला देते हैं। यह प्रभु की ही कृपा है, कि मेरे हाथ में कलम भी है और कविता लिखने का आशीर्वाद भी है। धन्यवाद प्रभु, धन्यवाद।
यह मेरा प्रथम प्रयास है। इसका सारा श्रेय मेरी प्यारी पुत्री डॉ. कीर्ति मुंजाल और मेरी जीवन संगिनी रीता मुंजाल को जाता है। मुझे कविता लिखते देख मेरे प्यारे बच्चे पुत्र प्रशांत, पुत्री डॉ. मित्ती एवं मनन बहुत प्रसन्न होते हैं। उनकी प्रसन्नता मुझे और अधिक लिखने के लिए प्रोत्साहित करती है।

तुलसी परिवार के सभी सदस्य मेरे लिए प्रेरणा के स्रोत हैं। इस कार्य में मेरे अज़ीज़ सुरेंद्र जी, श्री भारत भूषण जी और बेटी समान श्रीमती ज्योति का भी पूरा-पूरा साथ रहा है। मैं इस काव्यांजलि 'इंद्रधनुष' को अपने भगवान रूपी माता-पिता को, विशेषकर आदरणीय पिता जी श्री कांशीलाल मुंजाल जी, को समर्पित करता हूँ। बचपन में

पिताजी ने मुझे कला सिखाई, उनका सिखाने का तरीका बड़ा ही नायाब था। "काव्यांजलि" में हर कविता में कोई न कोई विशेष संदेश है। आशा करता हूँ ये कविताएं आपको पसंद आएंगी।

तुलसी शिक्षण संस्थानों का प्रथम सेवक,
हर भगवान मुंजाल

I. भगवान

भगवान का सब कुछ, सारा ब्रह्माण्ड उसने बनाया,

सब उसकी है सुन्दर माया,

जीव बनाए, सबसे बढ़िया इंसान बनाया।

बुद्धि का वरदान दिया,

इस पृथ्वी पर रहने, जीने, काम करने का अहसास दिया।

वह हम सब में है, कण-कण में है,

गौर से प्रभु को देखोगे तो आशीर्वाद देता पाओगे

उस पर विश्वास रखोगे तो इंसानी जीवन में तर जाओगे।

बहुत सुन्दर रिश्तों का प्रभु ने इंसान को उपहार दिया,

दुनिया फले-फूले, मोह ममता का भी प्यार दिया।

पृथ्वी पर जीवन मिला तो अच्छे काम करने हैं,

पृथ्वी से जाएँ तो इसे बेहतर बना कर छोड़ जाएँ।

कुछ परम्परायें भी छोड़ जाएँ,

जनहित में सब मग्न हो जाएँ ।

प्रभु भी ऐसा ही चाहते हैं,

हम सच्चे मन से प्रभु का धन्यवाद करते हैं।

2. जन्मदिन

एक दिन प्रभु की आवाज़ मेरे कानों में आई,

उन्होंने कहा, सोचो हर दिन क्यों नहीं जन्मदिन की तरह मिले बधाई।

मैंने बहुत सोचा, और फिर अचानक समझ आया

जब हम रात को सोते हैं, तो कल उठने का कोई नहीं भरोसा

अर्थात्, हर दिन ही एक नया जन्मदिन है, हर दिन है नई आशा।

फिर मुझे प्रभु की बात की गहराई समझ में आई,

क्यों ना जन्मदिन पर दिया जाए तोहफा।

अगर हमारा हर दिन है जन्मदिन,

तो हर दिन हम करें कुछ अनोखा।

हर इंसान में भगवान का वास है होता,

अतः दिव्य हो हमारा हर तोहफ़ा।

मैंने फिर सोचा प्रभु तन, मन, धन सब कुछ तेरा,

इसलिए, जो भी मैं करूं जग से दूर हो अंधेरा।

अगर कोई तन से दुःखी है, तो उसका इलाज करवाऊँ,

अगर कोई मन से दुःखी है, तो उसके दुःख का कारण जानूँ,

और उसे सांत्वना और सराहना देकर राहत पहुँचाऊँ।

अगर कोई धन के अभाव में है दुःखी है, तो उसे धन ना देकर, धन अर्जित करने का मार्ग सिखलाऊँ।

हे परमात्मा, आप हो करुणा के सागर।

आपको व्यक्त करूं मैं आभार।

हर दिन मनाऊं अपना जन्मदिन,

हर दिन तन, मन, धन से दूसरों को दूं उपहार।

इस परम सेवा से पाऊं आपका आशीर्वाद,

मेरा यह विचार करो आप स्वीकार,

तभी होगा मेरा जीवन साकार।

३. कलियुग में माँ

समय बदला, कलियुग आया,

अब इसी में हमें है जीना।

कलपुर्ज़ों यंत्रों का युग,

इन्टरनेट, मोबाइल, और सोशल मीडिया का युग।

माँ-बाप व्यस्त और नन्हें-मुन्ने मोबाइल में मस्त।

मोबाईल में विष और अमृत,

बच्चे हैं अंजान, उन्हें नहीं है ज्ञान,

विष और अमृत की नहीं है पहचान,

यह है गहरे खतरे का निशान।

हमें अच्छाई और बुराई का फर्क है समझना और समझाना।

कलियुग में माँ का किरदार है अहम,

परमात्मा की इस महान दुनिया में, हर बालक बने उत्तम।

बच्चों के पहले पाँच वर्षो को नहीं है गंवाना।

इसमें बच्चों का लगभग अस्सी प्रतिशत मस्तिष्क होता विकसित,

ये बचपन किसी भी हाल में नहीं है खोना।

इन पाँच वर्षो में बच्चा जुड़ा रहता है माँ से एक मेमना जैसे,

इसका रखना है हमें संज्ञान।

हर माँ को प्रयत्नशील है रहना,

यदि माँ चाहती है बच्चे को लाजवाब बनाना,

माँ को सीखना होगा यह मनोविज्ञान।

माता जीजाबाई को था इस करिश्मे का ज्ञान,

अपने पुत्र शिवा जी का बचपन में रखा खास ध्यान,

शिवा जी ने पाई माँ से विद्‌या और बने महान।

कलियुग के इस दौर में हर माँ को सीखना है यह ज्ञान,

इस युग में भी हर संतान बने शिवा जी जैसी महान।

हर बच्चे की नस-नस में भरना होगा देश-प्रेम,

तभी भारत बनेगा विश्व गुरू,

हर माँ को यह कार्य करना होगा शुरू।

4. परिश्रम

परिश्रम तो अभ्यास से आता,
तभी तो बहुत कामयाब बनाता।

परिश्रम है दिया प्रभु का तोहफा,
सफल बनने का है सुन्दर मौका।

इसे सबको अपनी दिनचर्या में है लाना,

विश्वास है मेहनत का अभिन्न मित्र,

मेहनत से ही बनता सफलता का इत्र।

मेहनत है सभी कुशलताओं की दाता,

यही तो है इंसान की सच्ची भाग्य विधाता।

रामजी भी अवतरित होकर आये थे साधारण से इंसान,

मेहनत का हाथ थाम बन गए भगवान।

तभी कर पाए इतना चमत्कार,
हुआ असम्भव से सम्भव का प्रचार।

वानर न तो थे पढ़े-लिखे, न बोल चाल का आता था सलीका।

युद्ध कला तो दूर की बात, नहीं आता था कोई भी तरीका।

श्रीराम ने खुद किया अत्यधिक श्रम,
और वानर सेना बनाने का शुरू हुआ क्रम।

साधारण वानरों को परिश्रम से बनाया बहुत ही शक्तिशाली,

फिर उन्होंने दस लोकों के स्वामी की राक्षस सेना को कर दिया धराशाही।

नेक इरादे के संग सही दिशा में मेहनत होती है जादुई,

तब ही रावण, मेघनाथ, कुंभकरण जैसे पापियों का नाश वानर सेना कर पाई।

खेल में भी आता खिलाड़ी तभी अव्वल, प्रतिदिन
पसीने से जब हो जाता तर,

कठोर मेहनत करने से ही महान बने कपिल देव,
रोहित शर्मा और सचिन तेंदुलकर।

विद्यार्थी, वैज्ञानिक हों या अध्यापक, वकील,
चिकित्सक, इंजीनियर या व्यसक,

परिश्रम ही है सबसे कारगर यंत्र,
हर दिशा में सफलता का मूल मंत्र।

5. टाईम

मैं हूँ टाईम मित्रों, मैं हूँ वक्त।

कभी न रुकता कभी न झुकता,

पल-पल हूँ आगे मैं चलता।

मैं हूँ टाईम मित्रों, मैं हूँ वक्त।

घड़ी-घड़ियाल टिक-टिक करके मुझे गिनते रह जाते,

वे रुक जाते मैं न रुकता, न ही थकता सब देखते रह जाते।

मैं हूँ टाईम, मित्रों, मैं हूँ वक्त।

मेरी कीमत जिसने जानी,

वह बना दौलतमंद और ज्ञानी।

बिना पल गवाएं अपनी धुन में बढ़ता हूँ जाता,

सबके साथ रहता, सदा आगे बढ़ता।

मुझे पहचानो और मुझे जानो,

मैं हूँ टाईम मित्रों, मैं हूँ वक्त।

मैं कभी नहीं चलता वक्र चाल,

मेरा सदुपयोग करो, ज़िंदगी बन जाएगी
बेमिसाल।

मैं हूँ टाईम मित्रों, मैं हूँ वक्त।

हर पल मेरा चगां, कोई पल नहीं गंदा,

हर पल सुन्दर, पवित्र है मेरा

अच्छे काम के लिये कोई नहीं मुर्हुत की ज़रूरत।

मैं हूँ टाईम मित्रों, मैं हूँ वक्त।

मैं गतिशील हूँ, कोई न मुझे रोक सकता,

चाहे इंसान हो या देवता,

सभी को कर्म फल मैं हूँ देता।

मैं हूँ टाईम मित्रों, मैं हूँ वक्त।

जय हो प्रभु आपने सुंदर वक्त बनाया,

हमें पृथ्वी पर नेक काज के लिए बुलाया।

6. ज़िंदादिली

ज़िंदा हो, इन्सान हो...?

तो इसका सबूत दो, ज़िंदादिली के साथ जिओ,

शेर भी ज़िंदा, चूहा भी ज़िंदा,

ज़िंदा कीट पतंगे,

पेड़-पौधे भी हैं ज़िंदा,

ज़िंदा हैं परिन्दे।

पर इन्सान को छोड़,

सभी की हैं सीमाएँ।

इन्सान ही इन्सान की,

मदद कर पाएँ।

मदद करो, तो ज़िंदादिली से करो।

कोई अनपढ़ है तो दिल से उसे पढ़ाओ,

भटके हुए को सब्र से समझाओ।

हारे हुए को प्रोत्साहित करो,

संकुचित न मन का द्वार करो।

प्रफुल्लित मन से नेकी करो,

आशा, उम्मीद का दीपक प्रज्वलित करो।

गमगीनों के जीवन में खुशी के सागर भर डालो,

वृद्ध असहाय के साथ समय बिता लो,

आदर और प्यार दे उनका सहारा बन जाओ,

छोटी सी है ज़िंदगी, ज़िदादिली से जी के दिखाओ।

जो भी प्रभु ने दिया, उसकी खुशी मनाओ,

जो नहीं मिला उस पर रो कर समय न गवाओं।

ज़िंदा हो तो ज़िंदादिली के साथ जिओ,

मुश्किलें आएँ तो नई राहें बनाओ,

दोस्तों के साथ बैठ हंसी के ठहाके लगाओ।

सुख दुःख को प्रभु की सौगात मान अपनाओ,

जितना हो सके दूसरों का, जीवन सुंदर बनाओ।

7. वृद्धावस्था

वृद्धावस्था तो है अच्छी अवस्था,

ज्ञान पाया, ऊँच-नीच देखी, सभी अवस्थायें हैं
आनी-जानी।

वृद्धावस्था तो है एक सुंदर कहानी।

आँखें धोखा दे जाती, मुँह में दाँत कोई न बचता,

पेट में भोजन भी न पचता, कमर झुक जाती,

हाथ कांपते, कदम लड़खड़ाते,

इससे ही तो हैं सब घबराते।

चलो, एक सुंदर विचार पर करें मनन,

थोड़ा काम फिर विश्राम, थोड़ा काम फिर विश्राम,

अच्छी सोच, अच्छा काम फिर विश्राम।

जीवन को इस धुन पर है चलाना,

दुःख में भी खुश रहकर,

अपने तजुर्बे से कुछ नया है करना।

यह वृद्धावस्था सबसे सुंदर अवस्था,

यदि हम न रखें किसी से अपेक्षा,

सुंदर तरीके से इसे है जीना,

मन में न रखना कोई तमन्ना।

प्रतिदिन करें योग साधना,
थोड़ा काम फिर विश्राम,

बच्चों को दें आशीर्वाद, बाकी सबको प्रणाम।

प्रभु को अर्पित कर दें, अपने सब कर्म,

तन-मन धन का हो प्रभु सेवा में समर्पण।

8. मेरे साथ जो होगा, अच्छा ही होगा

हम सब प्रभु की संतान

रोम-रोम में बसे हैं भगवान,

तो मेरे साथ जो भी होगा

अच्छा ही होगा।

दोस्त बनें या हों जानी दुश्मन,

थामे रहे हम अच्छाई का दामन।

सभी के प्रति विचार हों अच्छे,

मन में रखें शुभ इच्छा हर दिन।

सद्भावना का चप्पू, आशाओं की हो नौका,

तो मेरे साथ जो भी होगा अच्छा ही होगा।

इस सोच से हर मुश्किल होती पार,

प्रभु की कृपा बनी रहे अपार।

जब मन हो व्यथित या उदास,

और कोई न हो तुम्हारे पास।

ईश्वर का करके स्मरण,

जीवन की सार्थकता का करो अहसास।

यदि न हो पाओ कठिन परीक्षा में पास,

तब भी करते रहो सफल होने का प्रयास।

मनु भाकर, नीरज चोपड़ा से लो सीख,

निरंतर कर्मशील रहने से होगी तुम्हारी जीत।

बीमारी हो या धन का अभाव,

मन में ना रखो कोई तनाव।

सकरात्मक्तता को बनाओ अपना औज़ार,

परमात्मा कर देंगे तुम्हारी नैया पार।

जी हाँ, जो भी होगा बहुत अच्छा होगा।

मेरे साथ, तुम्हारे साथ, हम सब के साथ,

घबराना नहीं, डरना डगमगाना नहीं,

आने वाला हर दिन बहुत सुन्दर होगा।

मुस्कराओं मित्रों...जो भी होगा, अच्छा ही होगा।

९. अवसर

प्रभु अपने सभी बच्चों पर हैं मेहरबान,

ज्ञान चक्षुओं से केंद्रित करो तुम स्वयं पर ध्यान।

सचमुच हैरान रह जाओगे,

मोतियों समान अवसर अपने निकट बिखरे पाओगे।

जो अच्छा लगे उस पथ का चुनाव करो,

फिर उस पर मंथन, चिंतन और विचार करो।

जीवन का करो लक्ष्य निर्धारित,

निष्ठा पर हो तुम्हारा कर्म आधारित।

एकाग्रता से जब करोगे मेहनत,

मन वांछित फल तब पाओगे अनवरत।

जग में मौका उसी का है फलता,

तन मन धन से जो तपस्या है करता।

सजा लो सपने सुनहरे समय बीत न जाए,

हसरतों से भरा दिल कहीं टूट न जाए।

अवसर से नई राहें हैं बनती,

दरवाज़ा बंद मिले तो खोल लो खिड़की।

किसका है तुम्हे इंतज़ार,

आगे बढ़ो! कर लो सफलता से दीदार।

10. सत्संग

सात सुरों से मिलकर संगीत है बनता,

उच्च विचारों में जब मन है रमता।

ज्ञानवान कथनों का अद्भुत मिश्रण,

कर देता है बुद्धि और मन को प्रसन्न।

माँ जब नन्ही बिटिया को कहानी सुनाती,

माथा सहलाते हुए अच्छाई का पाठ पढ़ाती।

पिता बच्चे को जब देता व्यावहारिक ज्ञान,
सबसे उत्तम सत्संग का है यह बखान।

दादा-दादी, नाना-नानी सा नहीं कोई ज्ञानी,
उनके तजुर्बे से भरी सीख का नहीं कोई सानी।

अच्छे मित्रों के संग भी होता है सत्संग,
जब एक दूसरे से दिल की बातें करते अंतरंग।

विद्यालय हो या फिर कोई उच्च शिक्षण संस्थान,
विनम्रता से गुरुओं से सीखो तो बनोगे महान।

किताबें भी खोल दें, ज्ञान और अनुभव के द्वार,
क्या कभी पुस्तकालय जाने का किया विचार।

सत्संग की महिमा है ही निराली,

सत्पुरुषों के सानिध्य ने हर समस्या है टाली।

स्वयं के साथ भी होता है सत्संग,

जब ईमानदारी से करो सिंहावलोकन।

प्रभु चरणों में तुम लगाओ ध्यान,

मग्न होकर करो उसका आह्वान।

हर इंसान को दिए भगवान ने दो विकल्प,

कुसंग छोड़ सत्संग का ही करो संकल्प।

11. मुझे अव्वल आना है

मुझे अव्वल आना है, मुझे अव्वल आना है।

ज़िंदगी लक्ष्य के बिना है शून्य, मुझे यह मन में बसाना है।

पढ़ाई के साथ-साथ हर काम में अव्वल आना है,

भूल ना जाऊँ, यह संकल्प बनाना है।

सबसे पहले समय अनमोल, यह समझना है,

किसी भी कीमत पर इसे नहीं गवाना है।

विद्यार्थियों को यह प्रतिदिन का नियम बनाना है,

जिस कक्षा में हूँ, उसका आधा कर इतना समय घर पर पढ़ना है।

चौथी कक्षा में यदि हूँ तो दो घंटे पढ़ूँ कम से कम,

आठवीं कक्षा में प्रतिदिन रहूँ चार घंटे पढ़ाई में मग्न।

पुस्तकों को दोस्त मान, पढ़ाई में दिल लगाना है,

स्वाध्याय है बहुत ज़रूरी इसे समझना और समझाना है।

भगवान श्री कृष्ण ने अर्जुन को गीता जी में उपदेश दिया,

जीवन में कर्मशील रहने का संदेश दिया।

इसका मैं भी संज्ञान करूँ,

कर्म फल को प्रभु चरणों में अर्पित करूँ।

खेल में अव्वल, नृत्य एवं संगीत में भी अव्वल,

चहुंमुखी विकास के लिए परिश्रम रूपी मंत्र देता है संबल।

मानव मूल्य हों या संस्कारों की बात,

हर दिशा में महके मेरी खुशबू की सौगात।

अपने से अपने को आगे ले जाना है,

हर पल स्वयं को बेहतर बनाना है।

अव्वल आने के लिए अभ्यास है ज़रूरी,

दोहराई और वर्जिश से हर कमी हो पूरी।

प्रयासरत रहूँ, यदि अपने पथ पर सदा,

सुनहरा भविष्य बना पाऊंगा मैं अच्छा।

मुझे अव्वल आना है, मुझे अव्वल आना है।

यह संकल्प मुझे प्रतिदिन दोहराना है।

12. चाय

चाय की प्याली होती है बहुत निराली।
थकान तनाव या फिर हो कोई बीमारी,
हर हाल में कारगर है चाय की प्याली।

दोस्त को मनाना हो, सर दर्द भगाना हो।
बस में जाना हो या रेल गाड़ी को पकड़ना हो,
हर मौके पर चाय की चुस्की का बहाना हो।

घर में मित्र आएं या कोई रिश्तेदार,
शादी, ब्याह, जन्मदिन या हो कोई त्यौहार,
गरमा-गरम चाय, हर उत्सव को बनाए मज़ेदार।

डॉक्टर, इंजीनियर, वक्ता, अभिनेता, या हो लेखक,

विद्‌यार्थी, वकील, वैज्ञानिक और उन्हें बनाने वाला अध्यापक,

चाय से तरोताज़ा हो मस्तिष्क, तो ही करे कुछ अच्छे करतब।

सेना का जवान जब सीमा पर रहता अटल,

गर्मी, सर्दी, बर्फ, बारिश या मौसम का हो कोई फेरबदल,

गरम चाय की प्याली उसे दे चुस्ती और बल।

दार्जिलिंग, असम, केरल, नीलगिरी या कुन्नूर,

इनचाय बागानों में अनेकों ने पाया रोज़गार,

हमारे भारत की चाय तो पूरे विश्व में है मशहूर।

मलाई मार के, इलायची, अदरक या मसाले वाली हो,

हर्बल चाय हो या कोई फल फूल के स्वाद वाली हो,

दिल से बनी और प्यार से पिलाई हर प्याली हो।

चाय जोड़ती हम सबको, अमीर हो या गरीब,

छोटे-बड़े का भेद नहीं, चाय सबको नसीब,

तोड़ दे दिल की दीवारें, आएं सब करीब।

चाय की प्याली, सचमुच है कितनी न्यारी,

ध्यान रहे अधिक मात्रा ने सेहत यदि बिगाड़ी,

तो देनी पडेगी उसकी कीमत बहुत भारी।

13. दोस्ती

दोस्ती शब्द का अर्थ,

बड़ा ही होता है मस्त।

जब दो हस्तियों का मिलाप है होता,

तब जन्म दोस्ती का है होता।

परमपिता परमात्मा की दोस्ती है विचित्र,

विश्वास रखो तो पल-पल दोस्ती निभाता यह परम मित्र।

माता-पिता भी होते हैं दोस्त महान,

बचपन में हर बालक का होते सारा जहान।

स्कूल और कॉलेज के दिन मस्ती से करते आबाद,

सहपाठियों की दोस्ती से बनता मज़ेदार जीवन का स्वाद।

दोस्त वो जो दर्पण दिखलाए,

हाथ थामे, सही राह पर ले जाए।

हमारी गलती पर भी हरदम मुस्कुराए,

अच्छा दोस्त नाराज़गी में भी इज़्ज़त दिखाए।

श्री कृष्ण सुदामा की मित्रता है सभी के लिए उदाहरण,

सुग्रीव संग श्रीराम ने निभाई दोस्ती असाधारण।

खून के रिश्ते से भी है ऊँचा मित्रता का नाम,
उदासी और नकारात्मकता का करे काम तमाम।

ध्यान रहे, मित्र यदि न हो दिल का सच्चा,
ज़िंदगी हर पल बेस्वाद, मन हो जाता खट्टा।

ना दिखावा ना छलावा, मित्रता का यही उसूल,
मित्र पर शक करने की कभी ना करना भूल।

धन्य हैं वो जिन्हें मिलता, मित्रता का उपहार,
कठिन समय में मित्र ही होते जीवन का आधार।

14. मैं

'मैं' जब 'मैं' में उलझ जाता हूँ,

किसी काम का न रह जाता हूँ।

घमंड में चूर हो ना जाने क्या कर जाता हूँ,

क्रोध की अग्नि में सब भूल जाता हूँ।

'मैं' तो है बहुत ही शरारती और उद्दंड

अधिक हो तो इंसान के मस्तिष्क को कर देता बंद।

मन का हंगामा और ड्रामा इसे है पसंद,

नहीं होने दे यह हमारे चरित्र को बुलंद।

त्रेता युग में रावण की 'मैं' ने उसे जाल में फँसाया,

करके शिवजी की तपस्या घनघोर अमृतत्व का वरदान पाया।

सत्य धर्म का नाश कर, स्त्री का मान घटाया,

अत्याचार भोग विलास ने उसे नीचे गिराया।

द्ववापर युग में कंस ने जब 'मैं' का चोला पहना,

दुष्टता और क्रूरता की हर सीमा को लांघा।

देवकी की संतान ने उसे भयभीत कर डाला,

श्री कृष्ण ने यमलोक पहुँचाकर, सबक दिया निराला।

अब इस युग में हिटलर ने सुनो क्या किया,

जर्मन विश्व का बने सबसे बड़ा राष्ट्र यह संजोया सपना।

किन्तु 'मैं' के आवेश में हर कदम गलत उठाया,

खो बैठा सब कुछ, जीवन का भी मोल चुकाया।

मेरे प्यारे साथियों, चलो करें 'मैं' का नाश,

इसके लिए प्रथम पग है छोड़ो अपना मोहपाश।

कृतज्ञता के आभूषण से करो मन में प्रकाश,

अन्यथा तय है, हो जाएगा जीवन का सर्वनाश।

जिस-जिसने प्रयास कर 'मैं' को है जीता,

कर्म हो जाता सुन्दर और मिलती सफलता।

मृत्यु से तो 'मैं' का नाश हो ही जाता,

परन्तु क्यूँ न 'मैं' का नाश कर पा जाएँ जीवन की सार्थकता।

15. वातावरण

एक सिक्के के दो पहलू—वातावरण और पर्यावरण,

चित है वातावरण तो पट है पर्यावरण।

हमारे आसपास सभी प्रकार के जीवधारी,

हँसते, खेलते और मारते किलकारी।

तालाब, पेड़, पहाड़ और नदी,

हमारी पृथ्वी सुंदर, इनसे ही है बनी।

मानव ने जब वातावरण को किया दूषित,
विकास के नाम पर सब कुछ हुआ प्रदूषित।

वातावरण और पर्यावरण है धरती माँ की साड़ी,
हमने अपनी करनी से समस्या है बिगाड़ी।

दौड़ती हुई गाड़ियाँ, वातानुकूलित इमारतें,
हे मानव, कंक्रीट के जंगल क्यूँ तुझे हैं लुभाते!

गाँव, शहर हर तरफ देखो कूड़े के हैं पहाड़,
ज़हर घुला हवा में, कहाँ है बगीचों की बहार?

क्यों ना मिलजुल कर करें एक नई शुरुआत,
अनुकूल वातावरण की दें स्वयं को सौगात।

पेड़ लगाने से होगा वातावरण अच्छा,
करनी होगी सब जीव-जंतुओं की रक्षा।

प्रत्येक जल स्रोत को रखें हम साफ,
ध्वनि और वायु प्रदूषण को मिले इंसाफ।

पॉलीथिन की जगह सबके पास हो कपडे का थैला,
घर से ही अलग करें कचरा, सूखा और गीला।

छोटी-छोटी बातों का हम सब रखें ध्यान,
आने वाली पीढ़ी को भी दें यह ज्ञान।

सख़्त कानून लागू करे सरकार,
तभी होगा सही मायने में सुधार।

16. सैनिक का ऋण

सैनिक जब सीमा पर अपना सर्वस्व न्यौछावर है करता,

उसके सर्वोच्च बलिदान से भारत के हर नागरिक पर ऋण है चढ़ता।

तो देशवासी उसका ऋण कैसे चुकाएँ,

उसके माँ-बाप, पत्नी, बच्चों को दिल से अपनाएँ।

हर घर, मोहल्ले, जिले व राज्य में सैनिक का आदर है ज़रूरी,

घर पर ना हो सैनिक, तो उनके परिवार की मदद करें पूरी।

देश सर्वप्रथम, देश महान की सोच अपनाएँ,
अपने से भी ऊपर राष्ट्र की हर बात ठहराएँ।

प्रभु द्‌वारा दिए कार्य ईमानदारी से करें पूरे,
धोखाधड़ी, लालच, फरेब के चक्कर में न घिरे।

हर कर्म हो देश की समृद्‌धि को अर्पण,
एकता एवं अखंडता में न आए कोई अड़चन।

सैनिकों को देनी होगी, हर दिन हमें सलामी,
तीज-त्यौहारों पर भी याद करें उनकी कुर्बानी।

हमारी सुरक्षा व स्वतंत्रता निश्चित करे सैनिक का पहरा,

दिल से सदा देते रहे उन्हें धन्यवाद का सेहरा।

देश का झंडा होता हर जवान की आन,

भूल न जाएँ हम, माँ भारती का हर सपूत है महान।

हमें कर्ज़ के बोझ से मुक्ति दिलाएगा यह उपाय,

वीर सैनिकों के पराक्रम की कहानियाँ सुनें और सुनाएँ।

17. मात-पिता

आओ, मात-पिता का करें हम वंदन,

बालक ही तो होता है, उनके हृदय का स्पंदन।

माता से ज़्यादा नवजात शिशु का, न कोई चाहता हित,

घोर प्रसव पीड़ा सहती, पर शिशु का मुख देख, हो जाती प्रसन्नचित्त।

कष्ट सहकर भी अमृत रूपी दुग्धपान है करवाती,

तभी तो वह देवी माँ का रूप है कहलाती।

गीला करे जब शिशु बिस्तर, गीले पर खुद सो जाती,

किन्तु नन्हीं सी जान को, सूखी चादर पर सुलाती।

पिता अपने बच्चों के लिए है वृक्ष की ठंडी छाया,

जिसने पैरों पर खड़ा कर नन्हें बच्चे को चलना सिखाया।

प्रथम गुरु, प्रथम अध्यापक, माँ-बाप ही कहलाएँ,

प्रोत्साहित कर बच्चे को, गिर कर भी उठना सिखलाएँ।

मात-पिता के कर्म और तप से बच्चे का जीवन संवरे,

ना कोई अपेक्षा, ना कोई मोल, वो तो आशीष देते नहीं थकते।

फिर सभी बच्चे सोच कर यह बतलाएँ,

वृद्ध आश्रम में क्यों रहते वे, बेचारे आँखें धुंधलाएँ।

जब घर में माता-पिता की इज़्ज़त नहीं है होती,

ऐसी सभ्यता का विनाश स्वयं कर देती है नियति।

महाप्रतापी दशरथ ने अनजाने में ही तीर था चलाया,

श्रवण कुमार के माता-पिता का कड़ा श्राप था पाया।

जब-जब ईश्वर समान मात-पिता को संतान ने है ठुकराया,

अपने को सदा के लिए नरक का भोगी है बनाया।

तो चलो, संभल जाएँ, सुधर जाएँ, श्रद्धा से करें प्रयास,

मात-पिता की अधूरी न रह जाए कोई आस।

तन मन धन से करें सदा उनकी सेवा,

छत्रछाया है उनकी जैसे सर्दी में हो मेवा।

१8. पिता-पुत्र संवाद

कैसे रखूँ इस मन को स्वच्छ, गंदे-गंदे विचारों से,

पुत्र ने पिता से किया सवाल, तंग होकर चित्त की चित्कारों से।

लक्ष्य है मेरा निर्धारित पर बाधा हैं मन के अंधियारे,

विचारों की लड़ाई में न रह जाएँ मेरे सपने अधूरे।

पुत्र को देख व्यथित, पिता ने प्यार से थामा उसका हाथ,

अपने जीवन के तजुर्बे को सांझा किया फिर उसके साथ।

हल नहीं है करना, विचारों का उपवास,

बस संगत अच्छी रखो अपने आस-पास।

विचारों के आवागमन को नहीं सकते हैं हम रोक,

किन्तु सुंदर विचारों से भर सकते मन में आलोक।

विचारों की ही शक्ति से शुद्ध विचार बनाओ,

महापुरुषों के कथन पढ़ो, स्वाध्याय का रास्ता अपनाओ।

जब-जब मन में उठे तुम्हारे नकारात्मकता का भूचाल,

भक्ति से सींचो व्यथित मन को, देखो फिर कमाल।

फिर भी जब यह बन्दर सा चंचल मन तुम्हारे काबू न आए,

उछल-उछल कर तुम्हें हर पल तड़पाए।

तो प्रिय पुत्र, विचारों की दिशा तुम देना मोड़,

प्रयासरत रहना, आस कभी न देना छोड़।

अलग-अलग उपयोगी गतिविधियों में लगाओ अपना मन,

तब गंदे गलियारों में यह नहीं करेगा भ्रमण।

चंचल है, भागता, दौड़ता, कूदता रहता है यह मन,

सोने से पहले प्रतिदिन इसे विश्राम का पाठ पढ़ाओ तुम।

प्रातः काल उठकर यदि इसे कृतज्ञता का सोपान कराओगे,

उबड़-खाबड़ रास्तों पर भी इसकी लगाम थाम पाओगे।

मन है एक समुद्र, हर ख्याल एक लहर,

विचारों की तरंगों का तुम पर न हो कोई असर।

मन को जीत बढ़ो आगे, मिलेगी सफलता खास,

विवेकानंद जी की सीख समझो, एकाग्रता का करो प्रयास।

जब दस्तक दे इस मन में क्रोध, लालच या अनचाहा कोई मेहमान,

तुम्हारी संकल्प शक्ति है रामबाण, कुविचारों का करे काम तमाम।

मन है मेरा दोस्त, यह धारणा दृढ़ बनाओ तुम,

साथ देगा हर पल, इसको बस सुविचारों से नहलाओ तुम।

प्रतिदिन मन का अवलोकन कर, उसे जब थोड़ा भी पाओ मलिन,

तभी विवेक रूपी झाड़ू-पोछा करके स्वच्छता का पाठ पढ़ाओ।

पिता के ज्ञान ने पुत्र को किया तृप्त,

जीवन पथ पर अग्रसर हुआ, जब शांत हुआ मस्तिष्क।

19. पेंसिल

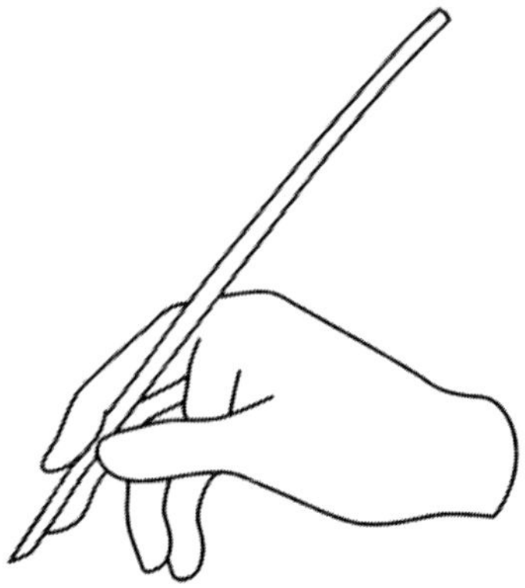

नमस्कार! पेंसिल है मेरा नाम,

पृष्ठ पर चलना है मेरा काम।

नन्ही उंगलियाँ जब मुझे थामे,

विद्या का रूप तभी वे जाने।

कवि और लेखक के हाथ में मैं करती हूँ कमाल,

कागज़ पर रख देती, मन के महान विचारों को संभाल।

चित्रकार तो सारे जहान के चित्र मुझसे ही उकेरते,

तभी तो एक कलाकार का दर्जा ले पाते।

अगर मैं न होती, मकानों, शहरों, जहाजों,
वायुयानों के चित्र न बन पाते,

और विकास के पथ सब धीमे पड़ जाते।

मैं बनती लकड़ी और सिक्के से,

भविष्य स्वर्णिम गढ़ दूँ तुम्हारा, यदि चलाओ
मुझे मेहनत से।

टूट जाने पर भी मैं नहीं घबराती,

तराशने का कष्ट सह दोबारा उठ जाती।

यदि ज़िंदगी की किताब भी तुम पेंसिल से लिख पाते,

हे मानव! अपनी त्रुटियों को आसानी से मिटा पाते।

मुझे कोई गम नहीं, मैं तो बस कर्तव्य हूँ निभाती,

जब भी हाथ में लो मुझे उपयोग तुम्हारे हूँ आती।

20. इंसान! तुम हो श्रेष्ठ

प्रभु ने जब अनंत ब्रह्मांड बनाया,

सबसे अद्भुत और स्याना इंसान बनाया।

कभी सोचा, जैसा अंदर वैसा बाहर, है यह अद्भुत संसार,

ग्रह जैसे काटें चक्कर सूर्य के, अणु परमाणु का भी यही है आधार ।

दिए इंसान को आशीर्वाद रूप में कुछ सुनहरे पल,

बनाओ सुंदर गाथा जीवन को, यह न जाए ढल।

इंसान को प्रभु ने दिया सर्वोच्च पद,
अतः पुण्य कार्य करके बढ़ाओ अपना कद।

हाथ दिए शुभ कर्म को, पग से हो तीर्थ यात्रा,
दृष्टि कोमल, वार्तालाप में भी हो अमृत घुला।

शुद्ध आचरण, संतुलित हो मन,
सेवा कार्य में हो समर्पित तन।

जब बुद्धि पर हावी हो काम, क्रोध, माया,
प्रभु भक्ति में लीन हो, कर दो इनका सफाया।

तपस्या कर बन जाओ गुणों व मूल्यों की खान,
तभी तो प्रभु कर पांएगे तुम पर गुमान।

जानो और मानो तो प्रभु की महिमा है अपरंपार,

स्मरण रहे, परमात्मा करते अपने हर बच्चे से प्यार।

हे मानव! चौरासी लाख योनियों में हो तुम श्रेष्ठ,

भूल ना जाना तुम उपहार हो सबसे उत्कृष्ट।

21. इन्द्रधनुष

आकाश में जब खूबसूरत इन्द्रधनुष नज़र है आता,

प्रकृति के श्रृंगार का आकर्षक रूप है दिखलाता।

रिमझिम बारिश के बाद जब होते हैं सूर्य देव प्रकट,

उत्सव की अनुभूति होती, छा जाती सतरंगी मुस्कराहट।

सप्तवर्ण होता कुदरत का करिश्मा विज्ञान का अद्भुत खेल,

सूर्य देव की किरणों और जल की बूंदों का अलौकिक मेल।

हे मानुष्! तुम से कुछ कहते ये इन्द्रधनुषी रंग,

अनुशासन से क्रम में रहते सातों रंग एक दूसरे के संग।

लाल है लहू का रंग, स्वादिष्ट अनार के साथ सेहत का राज़,

हमें सिखलाए प्रेम, उत्साह, शक्ति और साहस।

संतरे और कीनू के फलों में विटामिन सी है खास,

नारंगी रंग कराए बुद्धिमता और अध्यात्म क़ा अहसास।

रोग प्रतिरोधक क्षमता बढ़ाएँ केसर और हल्दी,

पीले में दूरदर्शिता और कुशाग्रता है छिपी।

हरियाली से करते पेड़-पौधे नई ऊर्जा का संचार,

सहनशीलता, उद्‌यमिता, सुख-समृद्‌धि का आधार ।

नीला है आकाश, नीला है पावन,

नीलकंठ महादेव से सीखो, कैसे करें विष को ग्रहण।

बैंगनी और जामुनी में है खनिजों का कोष,

दोनों में उजागर हो मित्रता, आनन्द और जोश।

सात रंग सिखाएँ कला सभी को जीने की,

इनकी सीखों को अपनाएँ तभी सुगम हो राह जीवन की।

सतरंगी रंगों से है अतरंगी मानव का गहरा नाता,

संस्कृति जीवन, ज्ञान-विज्ञान का खीचें यह मेघधनुष पूरा खाका।